LES

DESTINÉES FUTURES
DE LA FRANCE,

D'APRÈS LES RÉVÉLATIONS PROPHÉTIQUES
DE PERSONNES INSPIRÉES DU CIEL;

SUIVIES

d'une Lettre à Louis-Philippe Ier,

SUR LE SEUL MOYEN EFFICACE

DE RAMENER LA PAIX ET LE BONHEUR EN FRANCE

PAR UN PROMPT RETOUR A LA LÉGITIMITÉ;

PAR A. ANTOINE (DE SAINT-GERVAIS.)

PRIX : 1 FR. 75 C., ET PAR LA POSTE, 2 FR.

PARIS,
A LA LIBRAIRIE MODERNE DE LEVASSEUR,
RUE DU PETIT-BOURBON-SAINT-SULPICE, N° 8.

1er JANVIER 1832.

PARIS, IMPRIMERIE DE DECOURCHANT,
Rue d'Erfurth, n° 1, près de l'Abbaye.

AVANT-PROPOS.

Pourquoi ne croirait-on pas qu'il peut y avoir, dans ces temps modernes comme dans l'antiquité, des personnes inspirées du Ciel?

Si Jeanne d'Arc n'eût pas été inspirée, comment cette jeune fille des champs aurait-elle délivré la France du joug des Anglais?

Ne doutons pas que Dieu se plaît encore à communiquer avec quelques faibles mortels. Napoléon lui-même en était persuadé : « En vérité, disait-il, nous devrions nous en » rapporter pour tout à celui qui régit l'uni- » vers, et faire notre profit *des étincelles de* » *lumière réparties parfois sur quelques* » *êtres privilégiés,* pour nous éclairer sur » la route véritable qu'il faut suivre, et nous » prévenir des écueils que nous pourrions y » rencontrer. » (*Mémoires de Joséphine.*)

Oui, Dieu a révélé et révèle encore parfois ses décrets éternels, pour garantir les peuples des piéges que leur tend la secte philosophique en leur prêchant l'insurrection comme le plus saint des devoirs; pour consoler les nombreuses victimes des événemens révolutionnaires, pour soutenir leur courage, et leur faire entrevoir le terme de leurs infortunes.

Cet opuscule ne m'attirera point les louanges des hommes qui *provoquent* les révolutions; je serais désolé de leur plaire.

Je pense encore moins obtenir l'approbation des hommes qui *travaillent* dans les révolutions; je serais bien plus désespéré d'une telle faveur. Un moraliste a dit : « On ne se » montre jamais moins digne du suffrage des » gens distingués, que lorsqu'on se montre » avide de celui de la multitude. »

J'écris pour les hommes religieux et monarchiques, pour cette foule de bons Français qu'en 1793 on proscrivait de tous côtés parce qu'ils étaient d'honnêtes gens, et qu'on a pourchassés de nouveau après la révolution de 1830.

Dieu a dit en parlant de son Église : « Les » portes de l'Enfer ne prévaudront point » contre elle. »

Toutes les prophéties disent, en parlant des honnêtes gens : « Les révolutionnaires » ne l'emporteront point sur eux. »

LES

DESTINÉES FUTURES DE LA FRANCE.

Vous me demandez, mon cher compatriote, quelles sont mes idées sur ce que doit devenir la France, d'après le pénible état où se trouve cette chère et malheureuse patrie ?

Je me défierais trop de mes faibles lumières pour répondre avec assurance sur une matière aussi grave. Mais écartant mes propres idées, je puis vous satisfaire, car les destinées futures de la France ont été prédites par diverses personnes pieuses qui ont eu des révélations du Ciel.

Si j'écrivais à un de ces philosophes modernes, dont toute la sagesse consiste à croire à peine en la Divinité, et qui ne la considèrent que sous le titre frivole de déesse Nature, je serais certain de le voir sourire dédaigneusement au début de cette lettre ; s'il en continuait la lecture, ce serait dans l'intention de tourner l'auteur en dérision; parce que les hommes qui repoussent toute idée d'intervention divine dans les affaires publiques ou privées, ont mis plus que jamais l'irréligion à l'ordre du jour, pour la plus grande perfectibilité de l'espèce humaine.

Mais j'écris à un Vendéen !!! Ce titre est devenu synonyme de tout ce qu'il y a de plus respectable; le nom de Vendéen inspire la plus profonde vénération, parce qu'on sait que la Vendée s'est constamment montrée religieuse et monarchique; parce qu'on sait que c'est la terre classique de la fidélité. DIEU ET LE ROI était l'inscription de ses nobles bannières, lorsque, sous le panache de Henri IV, elle combattait contre l'athéisme et les républicains. On a fait disparaître ses blanches bannières !!! Qu'importe? *Dieu et le Roi* est une devise qui, pour l'honneur de la France, restera éternellement gravée dans le cœur du Vendéen.

A l'école des philosophes révolutionnaires se sont formés et se forment encore ces hommes qui prétendent que *Dieu n'est qu'un mot*..... Nous n'avons point été élevés à cette école, nous croyons en Dieu; et, pour nous, le droit de la Divinité marche avant tout autre droit. Les braves de vos célèbres contrées, mon cher compatriote, ne voudront jamais inculquer d'autres principes à leurs enfans, lors même que la violence fermerait vos écoles chrétiennes, comme la violence a fait disparaître du clocher de vos églises les blanches bannières qui flottaient auprès de la croix, précieux symbole de notre rédemption.

Les esprits forts regardent en pitié le mortel dont l'âme est pieuse, dont la foi est vive. Comment ceux qui se rient des prophéties par lesquelles l'Eternel annonça jadis un Rédempteur au monde, ne souriraient-ils pas dédaigneusement à l'homme qui parle de prophéties modernes! En prêchant l'irréligion, le vasselage des rois et la souveraineté générale des peuples, ces esprits forts prétendent être les seuls véritables prophètes. Ceux qui ont proscrit le drapeau blanc, ceux qui ont abattu les croix, entraîneront-ils le monde entier dans la perdition? Non; la philosophie spéculative ne parviendra point à aveugler les nations. « Le commencement de » l'orgueil de l'homme, dit l'Ecriture sainte, » est de commettre une apostasie à l'égard de » Dieu; celui qui y sera attaché sera rempli de » malédiction *et y trouvera sa ruine.* »

Ah! que les peuples qui goûtent encore la paix et le bonheur sous la tutelle des monarques que le Roi des rois leur a donnés, que ces peuples, dis-je, jettent un coup d'œil sur notre France, jadis si florissante, aujourd'hui écrasée d'impôts et haletante de misère (1) !!!

PROPHÉTIES DE THOMAS MARTIN,

LABOUREUR A GALLARDON EN BEAUCE.

Événemens arrivés tels qu'ils avaient été révélés par cet homme des champs.

Je vous parlerai, mon cher compatriote, de plusieurs personnes pieuses que Dieu a inspirées, on n'en peut douter, car ce qu'elles avaient prédit pour ces derniers temps est arrivé ; ce qui doit donner de la confiance pour ce que Dieu leur a également permis de lire dans l'avenir. Je commencerai par Thomas Martin, cet homme des champs à qui l'ange Raphaël a apparu en 1816, pour le charger d'une mission auprès de Louis XVIII, mission que, selon la

(1) Nous avons un budget de seize cent millions, qui laisse déjà un déficit de vingt millions. Depuis les trois fameuses journées, nous avons cent mille banqueroutes ; dix mille boutiques sont fermées dans Paris ; et nous voyons journellement un nombre considérable d'ouvriers demandant l'aumône faute d'ouvrage.

volonté divine, il a remplie le 2 avril de ladite année. Je remonterai à quelques événemens passés, avant d'en venir aux événemens futurs. L'Ange avait dit à Thomas Martin : « Il » faut que vous alliez trouver le Roi, que vous » lui disiez que sa personne est en danger, ainsi » que celle des princes ; que de mauvaises gens » tentent encore de renverser le gouverne» ment. »

Je vous le demande, mon cher ami, n'est-il pas clair comme le jour que pendant les quinze années de la Restauration, le libéralisme a constamment travaillé à miner l'édifice élevé par le Roi-législateur?

« Le Roi est entouré de gens qui le trahissent, » avait dit l'Ange ; et Thomas Martin répéta ces mots à Louis XVIII. Au lieu d'écarter les traîtres, ce roi débonnaire se livre avec un nouvel abandon à la faction philosophique ; il confie la majeure partie des emplois de son administration aux hommes qui avaient vu *avec répugnance* le retour des Bourbons, auxquels la Restauration avait fait *mal au cœur*. C'était donc se confier à des parjures, qui n'ont que trop réussi à replonger la France dans l'abîme des révolutions, en renversant le gouvernement légitime et paternel des dignes successeurs de saint Louis.

L'ange Raphaël avait recommandé à Thomas Martin de faire connaître au Roi qu'il fallait abolir les saturnales de ces jours de licence où le débordement des mœurs se montre à nu; et l'Ange annonce positivement que si le Roi n'exécute pas la volonté divine, « il sera fait un » si grand trou à la couronne, que cela la mettra » tout auprès de sa ruine. » Eh bien! malgré ce terrible et salutaire avertissement, rien n'est changé. Le courroux de Dieu ne tarda point à se manifester par le crime de Louvel, puisque ce fut précisément dans ces jours de saturnales que cet assassin plongea son poignard homicide dans le sein d'un fils de France : on sait que par ce cruel événement la noble tige des Bourbons faillit être tranchée.

En 1821, une voix du Ciel dit à Thomas Martin que « les napoléonistes et les républicains » travaillaient contre le gouvernement, qu'ils » employaient tous les moyens pour faire prendre en haine le Roi et sa famille. » Leurs discours et leurs écrits nous l'ont prouvé, et mieux encore leurs actions; car c'est aux cris de *vive Napoléon!* de *vive la République!* que se battaient la plupart des hommes qui ont fait le coup de fusil contre la garde royale dans les trois journées.

Mirabeau recommandait aux siens de décatholiser pour démonarchiser. Sous le successeur de Louis XVIII, il fut facile de prévoir où voulaient en venir ceux qui pratiquaient avec tant d'ardeur les maximes de l'apôtre de notre première révolution. En 1826, un homme religieux publiait en ces termes ses trop justes pressentimens : « Les écrivains libéraux méconnaissent les ménagemens, et, aussi emportés dans leur rage impie que les philosophes du dernier siècle, ils déclarent une guerre ouverte à la religion catholique. Levant hardiment le front sur lequel sont écrits leurs sinistres projets, ils travaillent à leur exécution avec une ardeur inouïe. La proscription des prêtres et l'anéantissement du culte catholique, tel est le but de leurs violentes clameurs, de leurs vociférations sacriléges. Ces mesures épouvantables, ils les appellent de tous leurs vœux. Et l'on ne serait pas alarmé de cet infernal souhait ! Et l'on se rassurerait à l'aspect d'un si périlleux orage ! Déjà l'horizon est obscurci ; déjà sur nos têtes apparaissent de noirs nuages qui menacent de laisser échapper la foudre qu'ils recèlent. Cependant bien des personnes ne paraissent pas s'en trop alarmer. Je ne sais quel vertige s'est emparé de leurs esprits, mais elles redoutent peu la catastrophe qui se prépare. Puisse ce cri de

» détresse que nous croyons devoir jeter au mi-
» lieu d'elles, les tirer de leur léthargique som-
» meil (1)! »

Il a eu lieu, cet horrible bouleversement : la catastrophe est accomplie; nous en subissons les tristes conséquences. Charles X, roi de France, a pu dire comme don Pédro, empereur du Brésil : « La constitution me réservait le choix de » mes ministres. Les représentans ont contesté » l'exercice de cette prérogative; j'ai voulu user » des moyens que la loi fondamentale me réser- » vait. Mes ennemis ont soulevé la populace; mes » troupes ont été attaquées, la trahison les a » fait succomber... J'ai mieux aimé abdiquer la » couronne que de céder lâchement mes droits, » droits sacrés, incontestables, puisqu'ils étaient » garantis par la constitution. »

Pour avoir donc voulu soutenir ses droits, Charles X a été obligé de quitter la France pour se transporter au-delà des mers; tandis qu'en même temps, par un singulier rapprochement, don Pédro, pour le même fait, traversait aussi les mers pour venir se réfugier en France. Plaignons ces deux monarques et ne les blâmons point. « Il y a, dit Montesquieu, des proposi- » tions qu'un roi ne doit point entendre, et il

(1) *De la Grèce et du Clergé,* par M. Saintes. Paris, chez Hivert, libraire, quai des Augustins, n° 55.

» faut qu'il ait l'âme assez fière pour ne descen-
» dre jamais plus bas que ses malheurs ne l'ont
» mis; car le courage peut raffermir une cou-
» ronne, et l'infamie ne le fait jamais. »

Revenons aux prédictions de Thomas Martin. « La hache est levée, le sang va couler.... » Telles furent les paroles que cet homme des champs entendit prononcer à la voix céleste le 24 juillet. En effet, il coula pendant les trois fatales journées des 27, 28 et 29. Charles X envoya, dit-on, consulter Thomas Martin avant de se déterminer à quitter la France; et l'on ajoute que cet homme inspiré conseilla la retraite, en disant que tout était fini pour ce prince. En s'acheminant vers le lieu de son embarquement, accompagné des trois commissaires qui ne le perdaient point de vue, l'infortuné monarque put s'appliquer ces paroles du prophète Jérémie : « Des impies se sont trouvés
» parmi mon peuple, des impies qui dressent
» des piéges comme les oiseleurs, et qui tendent
» des rêts pour prendre les hommes. »

Événemens futurs prédits par Thomas Martin.

Voyons maintenant, mon cher compatriote, les prédictions pour l'avenir, que le Ciel a daigné faire entendre à Thomas Martin, selon qu'il les a révélées (1). D'abord, à la suite des trois journées de carnage, cet homme, assistant à la messe, aperçut, entre les deux élévations, trois larmes rouges, trois larmes noires et trois larmes blanches tombant sur le calice perpendiculairement, et chacune accompagnée d'un de ces trois mots tracés très-distinctement : *Mort, deuil, joie.* Cela est en harmonie avec ce qui nous est annoncé de nouveaux jours de combats et de carnage qui auront lieu, du deuil qu'ils répandront inévitablement dans les familles, et enfin de la joie qu'éprouvera la nation, de la paix et de la prospérité qui renaîtront pour la France.

Oui, mon cher ami, nous avons encore à souffrir, d'après ce que l'Ange a annoncé à Thomas Martin « que les méchans allaient avoir la » bride sur le cou, mais pour peu de temps. » Il paraît qu'il surviendra des événemens intéressans qui nous feront goûter quelques momens de repos ; mais ce n'est qu'en 1840 que, selon les prédictions, la paix sera rendue à la France. « Le sang, a dit la voix céleste, coulera » comme quand la pluie tombe bien fort, sur» tout depuis le Nord jusqu'au Midi. L'Ouest

(1) Relation concernant les événemens qui sont arrivés à Thomas Martin, laboureur à Gallardon en Beauce. Prix : 2 fr. 50 c.

» sera moins agité; mais ce ne sera pas long ; ce » temps sera abrégé. Au moment de la grande » crise où les bons triompheront, les méchans » qui auront échappé seront saisis d'une si » grande frayeur que plusieurs se convertiront... » On verra le symbole de la paix sur les édifices » de France; ce qui réjouira le monde, et on ne » pourra s'empêcher d'admirer la toute-puis- » sance de Dieu. »

Enfin Thomas Martin annonce qu'il lui a été révélé « que la fin du pape était prochaine; que » sa mort serait le signal de grands événemens; » que l'élection du pape sous le pontificat du- » quel la religion doit refleurir et l'ordre se ré- » tablir, serait remarquable par des prodiges » surprenans. »

Ceci s'acorde avec ce qu'a annoncé une femme aussi inspirée de Dieu, qui depuis de longues années a révélé les terribles événemens qui ont changé la face de la France. Voici le texte des révélations de cette sainte femme, telles qu'elles ont été publiées.

PROPHÉTIES

D'UNE RELIGIEUSE DE BELLEY.

Événemens arrivés tels qu'ils ont été prédits par cette religieuse (1).

« Les méchans triompheront. La Seine chariera des cadavres; le sang coulera sur et sous » les pierres de la grande ville; des femmes, » des enfans périront. Ceci arrivera avant la fin » de juillet 1830.

» Et pendant le mois d'août, une branche » glorieuse des Bourbons sera coupée. Un Bourbon doit périr; un autre avant sera élevé.

» Avant la fin de l'année il tremblera; ceux » qui l'auront élevé tressailleront. »

Ceci est positif: des femmes et des enfans ont péri; le sang a coulé de tous côtés dans Paris; la Seine a charié des cadavres; ceux qui criaient *Vive Napoléon! Vive la République!* ont triomphé; la famille régnante a été exilée; le duc de Bourbon est mort étranglé; le duc d'Orléans

(1) Prix: 60 c.

(qui est de la branche cadette des Bourbons) est monté sur le trône; et en décembre, la populace, avide de meurtre, se montrait en tumulte au Palais-Royal, en poussant les cris les plus sanguinaires.

Je dois vous faire observer, mon cher ami, que des personnes notables affirment être en possession de ces prophéties, l'une depuis huit ans, l'autre depuis onze; et l'éditeur rapporte qu'au commencement de juillet, une dame, sur le point de partir avec son oncle, de Béziers pour Paris, fut instamment priée par sa famille de différer son voyage, parce qu'une prédiction annonçait que de grands malheurs devaient arriver dans cette ville à la fin du mois. Cette dame, sourde à ces prières, vint à Paris, emportant la prédiction dont elle plaisantait, et fut témoin des événemens de la révolution. Je n'ai donc point de doute sur la date reculée où ont été faites ces révélations, qui se sont accomplies, pour notre malheur, avec tant de précision.

Événemens futurs prédits par la religieuse de Belley.

Dieu permettant à la sainte fille de lire plus loin dans l'avenir, elle s'écrie :

« Je vois du feu les poursuivre et du sang cou-
» ler. Des drapeaux funèbres s'élèvent; tout est

» perdu pour eux. » (Vous savez qu'il s'agit de ceux qui ont coupé une branche glorieuse des Bourbons.)

« Ils semblent triompher encore, les insen-» sés! ils se rient de Dieu!

» Les temples sont fermés, les ministres di-» vins fuient, le grand sacrifice cesse.

» Malheur! malheur à la cité corrompue!

» Un nouvel an paraît; le grand-pontife » meurt.

» Ils ne s'entendent plus. Fuyez, enfans de » Dieu, fuyez. Le jour des morts est arrivé.

» Des cris retentissent de toutes parts : Vive » la République! vive Napoléon! vive le Roi! » vive Henri! vive Louis! Quelle confusion! le » feu, le sang, la faim, tout l'enfer!

» Malheur! malheur! trois fois malheur à la » cité de sang! malheur à la cité de l'hérésie! » malheur à la cité du crime!

» Les méchans veulent tout détruire. Leurs » livres, leurs doctrines inondent le monde.

» Le jour de la justice est venu. Je vois, à » l'aspect de celui qu'on a méconnu, le monde » fléchir et tomber.

» Une femme l'a sauvé; une femme le suit; » un ministre du Très-Haut le soutient. Ce mi-» nistre vient d'être oint de l'huile sainte. Dieu » les accompagne. Voilà votre Roi!

» Il paraît au milieu de la confusion de l'o-
» rage. Quel affreux moment! Les bons, les mé-
» chans tombent. Babylone est réduite en cen-
» dres. Malheur à toi, ville maudite!

» Je vis alors les clefs lumineuses paraître
» vers le nord. Un saint lève les mains au ciel;
» il apaise la colère divine.

» Il monte sur le trône de saint Pierre.

» Le grand monarque monte sur celui de ses
» pères; le trône est posé au midi.

» Tout s'apaise à leurs voix. Les autels se
» relèvent, la religion renaît, les méchans sont
» détruits ou confondus, les injustices se répa-
» rent. Le grand monarque, de sa main répara-
» trice, a tout calmé.

» Il ne fait que passer; sa gloire est courte.

» Il est né dans le malheur.

» En l'an 1840, l'enfant de l'exil lui succè-
» dera, et la paix alors sera donnée à la France. »

Vous voyez, mon cher compatriote, que l'an 1840 est encore ici le terme assigné à nos misères publiques et privées; qu'avant cette époque nous aurons encore à subir de terribles commotions politiques; que la religion essuiera de nouvelles persécutions, et que cette fois les révolutionnaires ne se contenteront pas d'abattre les croix; que les républicains et les napoléonistes feront, comme dans les trois journées de juillet

1830, retentir les airs du cri que chacun d'eux affectionne; que les partisans de la légitimité feront aussi monter jusqu'au ciel de vives acclamations selon leur cœur.

Vous comprendrez sans doute comme moi, brave Vendéen, que celui qu'on a méconnu est ce jeune Henri de France, à qui Charles X et le Dauphin son fils ont transmis leurs droits. Une femme l'a sauvé? nul doute, sa courageuse mère! Une femme le suit? oui; la communauté de vertus et de malheurs n'a-t-elle pas réuni pour la vie l'orpheline du Temple et la veuve de Berry!

Vive HENRI! *vive* LOUIS! dit seulement la prophétessse... L'infortuné Charles X aurait-il donc terminé sa carrière dans l'exil!!! Ah! si cela doit être, ce prince est trop pieux pour en murmurer contre la Providence; et à son heure dernière, se recueillant en Dieu, il dirait du fond du cœur, comme Jésus-Christ au jardin des Olives : *Mon Père, s'il est possible, faites que ce calice passe et s'éloigne de moi : mais néanmoins que votre volonté s'accomplisse et non pas la mienne!*

En général, dit l'éditeur, les prophéties ont une certaine latitude de sens, d'où il résulte qu'elles sont, avant l'accomplissement, susceptibles de diverses interprétations; et il a imaginé un commentaire en faveur du gouvernement actuel, parce qu'il suppose que ceux qui ne sont ni napoléonistes ni républicains crieront : *Vive Henri IV ! vive Louis-Philippe !* Henri IV serait sans doute bien surpris d'entendre des *vivat* en son honneur sortir de la bouche de ceux qui ont foulé aux pieds son drapeau sans tache pour arborer les sanglantes couleurs d'un drapeau sous lequel les révolutionnaires ont coupé tant de têtes, à partir du 14 juillet 1789.

Mais on peut commenter les paroles prophétiques d'une manière bien plus vraisemblable, qui du moins permettrait à la royale famille des Bourbons de ne point finir ses jours dans la proscription, et de trouver un tombeau dans sa patrie. A la séance de la Chambre des Pairs du 7 août 1830, séance où fut présentée la Déclaration de la Chambre des Députés qui conférait la royauté à Louis-Philippe, M. le vicomte de Châteaubriand disait à la tribune : « Charles X » et son fils sont déchus ou ont abdiqué, comme » il vous plaira de l'entendre ; mais le trône » n'est pas vacant : après eux venait un enfant, » devait-on condamner son innocence ? » Et le noble pair proposait d'en confier la tutelle au duc d'Orléans, en qualité de régent du royaume.

Dans sa brochure intitulée : *De la nouvelle proposition relative au bannissement de*

Charles X et de sa famille, ce publiciste revient encore à l'idée de voir le duc d'Orléans porter honorablement le sceptre « de l'enfant dont il » était l'héritier immédiat, de ce pupille que » Charles X avait remis entre les mains du » lieutenant-général du royaume, comme à un » tuteur expérimenté, un dépositaire fidèle, un » protecteur généreux. » Pourquoi ce qu'ont rejeté, dans ce terrible moment d'effervescence des journées de juillet, quelques individus qui ne sont pas à eux seuls la patrie; pourquoi, dis-je, cette régence si juste et si naturelle ne s'établirait-elle pas, dans un temps plus opportun, par le vœu de la nation?

« C'est une situation provisoire que la nôtre, » pendant laquelle les esprits s'éclairent par les » débats publics, aussi bien que par le senti- » ment de la gêne matérielle; dès que la vérité » sera évidente pour tous, ils doivent nécessai- » rement rentrer dans une autre voie; c'est la » direction indiquée par la force des événemens, » et il ne dépend pas des hommes du pouvoir, » quels que soient d'ailleurs leurs talens, de les » en éloigner. »

Ces idées sont celles d'une femme (1), et elles ont plus de force que tous les sophismes des

(1) *Appel aux esprits généreux de toutes les opinions,* par mademoiselle de F***.

hommes qui ne veulent point voir que le principe de la légitimité de la branche aînée des Bourbons se conserve vivace dans toutes les parties de la France; que beaucoup de ceux qui s'en étaient écartés un instant y reviennent plus pénétrés que jamais; et que la patrie ne peut recouvrer sa splendeur et sa prospérité qu'autant que ce principe aura prévalu. Nous croyons fermement qu'il prévaudra; et alors s'explique la révélation de ces cris d'enthousiasme qui éclateront d'un bout à l'autre du royaume : *Vive* HENRI ! *vive* LOUIS !

Par le nouveau pontife annoncé dans la prophétie de Belley, et qui doit occuper la chaire de saint Pierre, se trouve désigné un saint homme d'une famille souveraine d'Allemagne, lequel a renoncé aux vanités de ce monde pour se consacrer entièrement au service de Dieu : c'est le prince-abbé Alexandre de Hohenlohe; l'éditeur de la prophétie le nomme; et il est généralement reconnu que le Très-Haut a daigné répandre ses grâces sur ce vénérable apôtre de l'Église, en le favorisant assez pour accorder à ses ferventes prières un grand nombre de guérisons miraculeuses (1).

(1) Dans notre livre intitulé : LA BONNE MÈRE, ou *Histoire d'une femme vertueuse, pour servir de modèle aux mères*

PRÉDICTIONS D'UNE RELIGIEUSE
DU DIOCÈSE DE POITIERS.

L'éditeur des prophéties de Belley nous en fait connaître une autre attribuée à une religieuse du diocèse de Poitiers. En voici la teneur :

« Une colonne de feu paraîtra sur Paris dans » le mois d'avril. Le premier jour elle sera bien » élevée ; le second, elle s'abaissera. Les braves » gens auront le temps de fuir et de se soustraire » au danger ; les méchans parcourront les rues » et les places en blasphémant le saint nom de » Dieu ; une grande partie s'obstinera à demeu- » rer dans la ville, et le troisième jour la co- » lonne embrasera Paris ; un grand nombre de » méchans fuiront dans une ville bâtie sur les » bords du Rhône ; la vengeance céleste les

chrétiennes, publié en 1830, nous avons rapporté la guérison de mademoiselle de Miramont, habitant la ville de Brioude (Haute-Loire). Le journal *l'Ami de la Religion,* du 20 octobre 1831, cite un fait de la même nature, relatif à une demoiselle Apollonie, de Georgetown aux États-Unis. Ces deux personnes ont été guéries miraculeusement par l'intercession du saint prêtre Hohenlohe.

» poursuivra. Au mois d'août, une grande ba-
» taille dans la plaine de Saint-Fond ; c'est là où
» Dieu manifestera sa gloire et vengera son
» Église. La bataille sera des plus sanglantes ; les
» chevaux nageront dans le sang. Après, deux
» grands rois se donneront la main en signe
» d'alliance, et la plus grande paix régnera. »

Voilà des détails bien circonstanciés ; mais l'année où ces événemens doivent arriver n'est pas indiquée. L'éditeur considère la colonne de feu comme un emblème, et il prévient qu'il n'a aucune garantie à présenter à l'appui de cette prédiction ; c'est aux futurs événemens, dit-il, à nous instruire du jugement que l'on doit en porter.

PRÉDICTIONS DE DELEUZE,

CULTIVATEUR A VILLENEUVE-DE-BERG.

J'en viens maintenant à la prophétie d'un cultivateur de Villeneuve-de-Berg, nommé Deleuze, mort le 10 décembre 1829. Cet autre homme des champs ne lisait pas plus de journaux que le laboureur de la Beauce. Après avoir reçu les sacremens, il dit au vénérable ecclésiastique qui les lui administrait, qu'il mourait en regrettant seulement de ne pas voir finir la révolution. Bien qu'en 1829 le libéralisme ne déguisât point ses intentions de renverser le gouvernement, personne n'imaginait que ses entreprises seraient aussi hardies qu'elles l'ont été; le parti libéral lui-même a été étonné, stupéfait de ses succès, et il est des libéraux qui ont cessé de l'être quand ils ont vu les épouvantables résultats des doctrines du libéralisme. Le bon curé ne laissa donc pas d'être bien surpris quand il entendit le vieillard moribond lui dire, à propos des prétentions des députés à maîtriser les droits et la volonté du roi dans le choix de ses ministres : « De grands événemens sont commencés par le

» trouble qui existe dans la Chambre; et vous » verrez que, dans le courant de l'année 1830, » Charles X sera chassé de son trône par ses su- » jets. Il y aura une grande révolution dans » Paris, beaucoup de sang sera versé, les rues » seront dépavées, et les troupes du roi l'aban- » donneront; il prendra la fuite.

» Le duc d'Orléans montera sur le trône. Pen- » dant son règne, les bannis rentreront dans la » capitale, et c'est là où ils périront. Le règne » du duc d'Orléans sera bien court (1). La reli- » gion ne sera pas persécutée d'une manière » ouverte; mais elle ne sera pas mieux traitée » pour cela.

» Nous aurons la guerre avec les Arabes, dont » nous serons vainqueurs; et ces mêmes Arabes » viendront nous aider à briser le joug qui nous » accablera. Charles X viendra; il éprouvera » beaucoup de résistance.

» Il y aura beaucoup de sang versé, un grand » carnage, surtout depuis Marseille jusqu'à Pa-

(1) Le journal *la Tribune*, qui a inséré cette prédiction dans sa feuille du 28 juin 1831, a ajouté que ce prince mourrait d'une mort tragique; cela ne se trouve point dans la brochure que nous avons sous les yeux. L'assassin du duc de Berry, l'infâme Louvel, était républicain : Dieu veuille préserver la France de nourrir encore dans son sein quelque nouveau Brutus de cette trempe!

» ris. Les troupes étrangères viendront abreu-
» ver leurs chevaux dans les eaux du Rhône.
» Paris sera saccagé et détruit : on y verra
» l'herbe naître dans les rues.

» La France s'épurera.

» Charles X ne régnera plus sur les Français.
» Il abdiquera en faveur d'un jeune prince de
» sa race, qui établira sa capitale dans le midi.

» La Chambre sera écrasée sous le nouveau
» roi, d'accord avec un grand pape.

» Les lis reprendront toute leur beauté. La
» religion reprendra tous ses droits et tout son
» empire; et c'est alors que la France jouira de
» la tranquillité. »

Celui qui a fait imprimer ces prophéties ajoute qu'elles sont connues de tous les habitans de Villeneuve-de-Berg; que Deleuze les annonçait depuis deux ans à ceux avec lesquels il se trouvait en relation, et qu'elles ont fait beaucoup de bien en contenant le peuple de ces cantons, qui pense généralement qu'elles s'accompliront jusqu'au bout.

Relevant le paragraphe où il est dit : *Les rues de Paris seront dépavées, et les troupes du Roi l'abandonneront,* l'éditeur le commente ainsi : « C'est-à-dire abandonneront Paris et
» non pas le Roi; car Charles X ne fut aban-
» donné que d'une faible partie de ses troupes. »

Certes, il ne le fut point de sa fidèle garde, et la France doit s'en énorgueillir..... Oui, s'en énorgueillir! Que dirait-on aujourd'hui de cette garde si, lorsque, assaillie de mille côtés à la fois, tantôt aux cris de *vive Napoléon II!* tantôt aux cris de *vive la République!* elle se fût bénévolement rangée du côté des assaillans? Ne devait-elle pas croire qu'il y allait de son devoir, de son honneur de soutenir la royauté qu'on semblait vouloir renverser de nouveau en France, puisque les directeurs de ce mouvement insurrectionnel faisaient rigoureusement effacer des monumens publics et des établissemens particuliers tous les emblèmes royaux, dont beaucoup ne sont même pas encore replacés, comme si l'on attendait la république d'un jour à l'autre. J'ai été témoin de ces terribles journées, mon cher compatriote; je vous garantis que la garde royale a offert sur tous les points de la capitale de beaux traits de magnanimité : l'on ne peut disconvenir qu'en montrant un grand caractère de bravoure, elle a généralement agi avec toute la modération que les circonstances cruelles où elle se trouvait placée pouvaient lui permettre de déployer : on la tirait au cœur, et elle lançait ses balles dans les airs; si elle eût voulu faire porter tous ses coups, il y aurait eu mille fois, dix mille fois plus de victimes : l'impartiale histoire se plaira à lui rendre justice. Vous ne blâmerez point cette petite digression, j'en suis persuadé, brave Vendéen, puisqu'elle tend à rehausser l'éclat du nom français.

PRÉDICTIONS.

INSÉRÉES DANS LE LIVRE INTITULÉ

TABLEAU DES TROIS ÉPOQUES.

J'en reviens aux prophéties. Dans un livre publié en 1829, sous le titre de *Tableau des trois époques*, l'auteur rapporte qu'une religieuse guérie miraculeusement d'une maladie grave, a prédit les principaux faits des cent-jours, ainsi que des événemens futurs, et ceux-ci entre autres : « Un temps viendra où du nord au midi il coulera des ruisseaux de sang par suite d'un combat terrible. Les méchans croiront un moment triompher; mais les bons, tout-à-coup secourus, seront victorieux. La crise ne durera pas plus de trois mois, et la victoire des bons se réalisera en un moment. Ensuite la religion, l'ordre, la paix, régneront admirablement. »

Vous voyez, mon cher compatriote, que cette

prédiction coïncide parfaitement avec les précédentes; et remarquez bien qu'elle se trouve rapportée dans un ouvrage imprimé dans l'année qui a précédé la révolution des trois jours.

L'éditeur des prophéties de Belley nous prévient que l'auteur du *Tableau des trois époques* n'a pas rapporté tout ce qu'il savait des révélations de la religieuse guérie miraculeusement; et, d'après ce qu'il ajoute, il s'ensuivrait que l'empereur de Russie serait destiné à jouer un grand rôle dans la nouvelle restauration du trône de saint Louis, et qu'une étroite alliance l'unirait au monarque français.

Diverses prédictions, recueillies et publiées par M. Édouard Bricon, libraire, en 1830 et 1831, portent également que c'est du Nord que partiront les premières étincelles de la guerre qui doit tout régénérer. On sait qu'Alexandre Ier, de glorieuse mémoire, était l'auteur de ce traité si justement appelé *la Sainte-Alliance*, traité qui garantissait le repos des peuples comme la stabilité des couronnes; système de grandeur, de magnanimité, de vaillance; tandis qu'on ne trouve que petitesse, égoïsme et lâcheté dans le système de non-intervention.

Prophéties de saint Césaire.

Ce saint évêque est auteur d'un ouvrage intitulé : *Liber mirabilis*, imprimé en 1524, dans lequel on voit un récit de Jean de *Vatiguerro* qui annonce aussi tout ce que nous avons vu arriver en France et ce qui doit survenir : les malheurs de la famille de Louis XVI, les conquêtes des aigles impériales et leurs terribles revers. « Le lis » sera privé et dépouillé de sa noble couronne, » et on la donnera à un autre à qui elle n'appar- » tient pas; et il sera humilié jusqu'à la confu- » sion ; et plusieurs diront : La paix, la paix, la » paix; et il n'y aura point de paix : et alors pa- » raîtront à découvert des séditions, des con- » spirations, des confédérations inouies des ci- » tés plébéiennes; et il y aura dans le monde » une si grande désunion que personne ne sau- » rait en aucune manière s'en faire une idée..... » On ne cherchera plus le bien et l'avantage de » l'État ; ce sera le règne de la partialité et de » l'égoïsme..... Les autels de la sainte Église se- » ront détruits, les pavés des temples seront » profanés...... L'air sera infecté et corrompu à » cause de la malice et de l'iniquité des hom- » mes....... Enfin, un prince, captif dans sa jeu- » nesse, recouvrera la couronne du lis... Les fils » de Brutus demeureront à jamais anéantis. »

L'ouvrage de saint Césaire justifie donc son titre de *Livre admirable*, et ce que je vous en rapporte doit vous inspirer le désir de le connaître (1). Notre jeune Henri a bien été captif depuis son départ de Saint-Cloud jusqu'à son embarquement à Cherbourg; car les hommes chargés de le conduire avaient mission de ne point le laisser échapper, ni aucun de sa famille; et les journaux révolutionnaires ne cessaient journellement d'exciter leur surveillance à cet égard.

Dans l'un des deux *Recueils de prédictions* (2) dont je vous ai parlé, il s'en trouve une des plus remarquables, et dont voici un extrait.

Prédiction du père Jérôme.

Ce bénédictin, né à Cahors, et dont le nom de famille est Botin, mourut à l'abbaye Saint-Germain-des-Prés, à Paris, le 10 juillet 1420, à l'âge de 62 ans. Dix années auparavant il écrivait ses prophéties que lui dictait l'Esprit saint, et qui nous retracent absolument les événemens révolutionnaires de la France :

« ..... Ce temps sera un temps de désespoir et d'iniquité, et on trouvera à peine un seul homme qui fasse le bien. Alors il règnera un prince, l'oint du Seigneur, homme doué de vertus, de douceur; et les ouvriers d'iniquité

(1) 1 vol. in-12. Prix : 4 fr.

(2) Prix : 1 fr. 30 c. chacun.

mettront sa tête à prix, épuiseront contre lui leur malice, le réduiront en captivité, et sa fin sera des plus malheureuses... Il y aura un grand deuil dans l'Eglise du Seigneur; les temples seront détruits; les vierges consacrées au Seigner seront outragées... Les gouvernans marcheront dans les sentiers d'iniquité, enivrés du sang d'un roi innocent, des grands et du peuple; leur domination sera une domination de perversité, et leur règne un règne d'abomination... Ils seront écrasés et périront... Malheur au peuple qui s'est révolté contre l'autorité et qui a renversé les lois! il a arraché de la prospérité jusqu'à la racine; il a brisé ses lis, l'aigle planera sur lui... La terre sera couverte du sang de ses habitans... La rosée du ciel descendra sur la terre désolée et sur l'Eglise éplorée, et *il y aura un enfant du sang du roi que donneront les gens d'Artois;* il gouvernera la France avec prudence et honneur, et l'esprit du Seigneur sera avec lui... »

Par ce petit extrait, vous jugez, mon cher compatriote, avec quel intérêt cela se fait lire en entier dans l'ouvrage même.

Dans l'autre recueil, il se trouve une prophétie de Philippe-Dieudonné-Noel Olivarius, imprimée en 1542, laquelle forme absolument l'histoire de France depuis Napoléon Bonaparte jusqu'aux événemens tant annoncés pour 1840. Si l'on y voit prédits d'affreux combats, du moins voit-on aussi pour résultat consolant, « par après les immenses Gaules déclarées par toutes les nations *grande et mère nation.* »

PROPHÉTIES DE THOMAS MOULT.

Maintenant, mon cher compatriote, il me reste à vous citer un prophète encore plus ancien que les derniers que je viens de faire passer sous vos yeux. Il s'agit d'un astronome napolitain, nommé Thomas-Joseph Moult, qui vivait au commencement du XIIIe siècle. C'était un homme pieux, car son livre commence par la formule sacramentelle des chrétiens, et finit par ceux-ci : *La gloire de Dieu surtout.* Il paraît qu'il était venu résider dans notre patrie, puisque son ouvrage est daté de Saint-Denis en France, l'an 1268, sous le règne de saint Louis. Les prédictions inscrites dans l'exemplaire que j'ai en mains commencent en l'année 1521 et continuent jusqu'en l'année 2024.

Evénemens arrivés tels qu'ils ont été prédits par Thomas Moult.

Je regarde les prédictions des années qui viennent de s'écouler, en remontant jusqu'à l'Empire, et je vois :

En 1804, nouvelle forme de gouvernement dans un royaume ; un grand prince montera sur le trône. — Le 18 mai, Napoléon reçoit du sénat le titre d'Empereur des Français ; il rétablit avec splendeur le trône de France.

En 1810, une grande princesse montera sur le trône. — Le 7 février a lieu la convention de mariage entre Napoléon et l'archiduchesse Marie-Louise, fille de l'empereur d'Autriche.

En 1811, naissance d'un grand prince. — Le 20 mars vient au monde le fils de Napoléon, cet enfant qui à sa naissance reçut le titre de Roi.

En 1814 un grand prince montera sur le trône. — Le 3 mai Louis XVIII fait son entrée à Paris, et vient occuper le trône de ses ancêtres.

En 1815 grande bataille. — Ah ! oui ; Waterloo !

En 1820, naissance d'un grand prince. — Le 29 septembre est né Henri, duc de Bordeaux, précieux rejeton que toute la France salua avec transport du glorieux surnom d'*Enfant de la Providence*, et qui est destiné à perpétuer l'auguste race des Bourbons.

En 1830 : de grandes révolutions arriveront cette année dans un des grands États de la chrétienté. — Voilà bien les fameuses journées de juillet!

Evénemens futurs prédits par Thomas Moult.

Tous ces faits, arrivés comme ils étaient prédits, peuvent donc donner de la confiance en Thomas Moult. Eh bien! cet homme inspiré nous annonce pour 1832 une grande guerre qui s'amortirait en 1833, et se terminerait en 1834; mais elle recommencerait en 1836. En 1837 il y aurait de nouveaux soulèvemens populaires, et une chute de ministres comme dans les journées de juillet. Puis, en 1838, à la suite de fameux combats, une grande princesse monterait sur le trône : ce pourrait être la duchesse de Berri, comme régente naturelle de son fils. Il en naîtrait la paix jusqu'en 1840, que la guerre recommencerait; et alors, est-il dit, la noblesse d'un grand royaume donnera à son souverain des marques de son courage et de sa valeur pour le soutien de l'État. Cela ne peut pas s'entendre d'un appui au gouvernement actuel, car on sait que la noblesse n'est plus rien en France depuis la dernière révolution. Nous sommes sous le joug d'une quasi-légitimité, d'une quasi-monarchie, d'une quasi-république. Ah! mon cher compatriote, les Français sont-ils donc descendus au rang d'une quasi-nation pour être réduits à l'avilissant régime des quasi?

Enfin, ces prophéties de Thomas Moult sont terminées par une prédiction trouvée, dit-il, dans le sépulcre d'un saint homme, au royaume de Naples, en 1731, laquelle s'accorde avec la prophétie de la religieuse de Belley. Nous avons vu que celle-ci s'exprime en ces termes : « Les » temples sont fermés; les ministres divins » fuient; le grand sacrifice cesse. » La prédiction de Naples porte : « En 1840 il n'y aura plus de » pasteurs. » Heureusement que nous sommes prévenus que le triomphe des méchans ne sera pas de longue durée, et que la victoire des bons se réalisera promptement.

Après vous avoir entretenu de révélations d'une céleste origine, je vous citerai un publiciste éloquent, qui prévoit aussi qu'un nouvel ordre de choses doit venir remplacer le fragile édifice bâti sur le sable par nos orgueilleux sophistes de 1830, serviles continuateurs de tous ces législateurs démagogues dont nous avons vu, depuis 1789, les constitutions s'écrouler successivement au bout de quelques années. « Ni la » chute récente de plusieurs couronnes, dit-il, » ni le danger imminent qui menace encore » plusieurs souverains, ne doivent porter à in-

» duire que le système nouveau soit destiné à
» triompher en définitive. Parmi les souverains
» qui résistent encore avec succès au système
» révolutionnaire, le sauveur de l'ordre social
» est probablement désigné et inscrit au grand-
» livre de l'avenir. Quel sera-t-il? Nul homme
» ne saurait le prédire; mais ce qu'il est permis
» de juger dès à présent, c'est que le prince ré-
» servé à tant de gloire marchera sur des voies
» différentes de celles où tant d'autres ont péri,
» et qu'il saura se soustraire aux piéges dont la
» révolution a su jusqu'ici entourer les rois ti-
» mides ou débonnaires (1). »

Vous voyez, mon brave, que la France et l'Europe ont encore bien des vicissitudes à éprouver, et vous pouvez facilement supposer aux diverses puissances la prévoyante intention d'augmenter leurs troupes plutôt que de les diminuer. Désarmez! désarmez! disent aux souverains les hommes qui régissent la France, en s'étayant du honteux système de non-intervention. En effet, il tarde à la philosophie spéculative de voir tous les rois sous sa dépendance, tous réduits à porter les fers d'insolens cortès, comme naguère les Bourbons d'Espagne; il lui tarde de les voir dans

(1) *Avertissement aux souverains*, par M. le comte Achille de Jouffroy. Prix : 1 fr. 50 c.

la dure nécessité de fuir de leurs États, comme Charles X et don Pédro, ou dans l'obligation de fraterniser, par poignées de mains, avec la lie du peuple, comme Louis-Philippe en août 1830 (1). La secte des philosophes révolutionnaires ne consent à tolérer la royauté sur la terre que pour avoir le plaisir de la traiter avec dédain, comme le chat ne laisse vivre la souris qu'il tient sous sa griffe que pour en faire son jouet, jusqu'à ce qu'il lui plaise de l'étrangler.

Désarmez! désarmez! s'écrient à tue-tête nos pygmées politiques, à l'instar des fanfarons qui parlent d'autant plus haut qu'ils ont d'autant plus peur. Ces jongleurs sentent leur fragilité; mieux que personne ils voient la France, si florissante sous la Restauration, maintenant appauvrie, amaigrie, se débattant dans les convulsions anarchiques qu'ils lui ont inoculées avec la misère. En pompant, en suçant avec avidité tout l'or qu'elle peut avoir dans les veines, ces vampires en font un squelette colossal, qui ne se maintient debout que parce qu'ils

(1) Un moraliste a dit : « Quand on pense aux objets de » la préférence de la multitude, à ce qui a le plus le pou- » voir de l'agiter, de la remuer, de l'émouvoir, il est dif- » cile à qui se trouve au-dessus d'elle d'être fort avide de » son suffrage. » (Le comte Hippolyte de Livry.)

l'ont assujetti en lui passant au travers du corps une pesante barre de fer. Personne ne sait mieux que vous autres, braves Vendéens, combien le colosse de la France est hérissé de crampons de fer de la tête aux pieds.

Il est sans doute affligeant de voir que l'Europe est encore menacée de troubles et de guerre. Mais les rois ont-ils su profiter des leçons de notre première révolution? n'ont-ils pas besoin que Dieu leur en donne de nouvelles? Écoutons M. Achille de Jouffroy, lorsqu'il s'écrie avec vérité : « On insulte, on calomnie, on menace; on » expulse des rois : rois, vous gardez le silence!... » Qui, mieux que vous, ne sait que Charles X » fut la victime innocente du plus monstrueux » système de dénigrement, de la combinaison » la plus impudente de suppositions et de mensonges? Gardiens de l'opinion des peuples, » qu'avez-vous fait pour rétablir, au moins dans » cette opinion, votre frère calomnié? L'infortuné, en renonçant pour toujours au trône, » en se réfugiant au pied d'un rocher en Écosse, » n'a pas même obtenu la tranquillité de l'exil! » La haine injuste l'y accompagne; l'outrage, » l'y poursuit; et vous faites bon visage à ses » détracteurs, et vous accueillez dans vos cours » les hommes qui l'ont le plus lâchement trahi.

» Vous croyez-vous donc privilégiés contre le » malheur, à l'abri des trahisons et de la calom- » nie? Sachez que le cri d'une légitimité ainsi » abandonnée s'élève contre toutes les autres, » et que les échecs formidables portent l'indiffé- » rence et le découragement dans le cœur des » royalistes de tous les pays. »

L'histoire, qui ne garde point de ménagement, dira qu'il était surtout du devoir de Ferdinand VII de faire pour un jeune roi de France méconnu par une assemblée dépassant ses mandats, ce que Louis XVIII avait fait pour un roi d'Espagne opprimé dans ses États par une assemblée de rebelles : si la reconnaissance doit avoir un sanctuaire ici-bas, ce doit être particulièrement dans le cœur des rois.

Au surplus, félicitons-nous, mon cher compatriote, de cette froideur léthargique des monarques européens, puisque notre devise est : *Tout pour la France, et tout par elle!*

D'après les prophéties, la guerre serait positive, et c'est même en 1832 qu'elle éclaterait; elle s'étendrait du nord au midi, et ses ravages seraient terribles. Mais que le Ciel nous réserve ou non le fléau de voir de nouveau l'étranger fouler notre territoire, nous pourrons répéter ce qu'en 1814 écrivait un homme d'État (M. Bi-

gnon) qui jouit d'une grande considération dans le parti libéral : « Si un même jour voit la capi-
» tale envahie et le trône royal relevé dans ses
» murs, disait-il, ce n'est point le rétablisse-
» ment du trône des Bourbons qui a produit
» l'invasion étrangère; c'est au contraire ce ré-
» tablissement qui doit adoucir les maux dont
» une pareille invasion est toujours accompa-
» gnée, et qui seul peut y mettre promptement
» un terme. »

Espérons, mon cher compatriote, en ce Dieu de toute justice, qui, dans son immuable sagesse et son ineffable bonté, s'est toujours montré le protecteur de notre beau royaume, parce qu'il sait que les révolutions ne sont point l'œuvre des honnêtes gens, mais bien des ambitieux et des spéculateurs sordides, qui se moquent de répandre le deuil et la misère pourvu qu'ils satisfassent leur orgueil et leur cupidité. Regardons comme prophétiques ces paroles que M. le vicomte de Châteaubriand n'a voulu prononcer que sous la forme dubitative, mais qui sont reconnues parmi nous comme l'expression d'une forte vérité : « Si le deuil ne pouvait sortir de
» la France; si, fatiguée d'errer de système en
» système, de gouvernement en gouvernement;
» si, trompée dans tous ses essais, forclose de

» toutes ses espérances, *elle n'apercevait de port*
» *de salut qu'au trône légitime;* alors le banni
» reviendrait sans avoir coûté une larme et une
» liberté à sa patrie, ROI DÉJA DANS LES COEURS
» par ses infortunes et son innocence. »

LETTRE

A LOUIS-PHILIPPE IER,

SUR

LE SEUL MOYEN EFFICACE

DE RAMENER LA PAIX ET LE BONHEUR EN FRANCE

PAR UN PROMPT RETOUR A LA LÉGITIMITÉ.

Rendez à César ce qui appartient à César.

SIRE,

Je viens avec confiance vous parler le langage d'un homme libre, qui vous aime personnellement, parce que vous êtes humain, généreux, bienfaisant, et qu'à ces qualités, si utiles aux malheureux, vous joignez le mérite inappréciable à mes yeux d'avoir, par votre dévoûment à la chose publique, sauvé la France d'une anarchie complète, en lui conservant, sans doute autant qu'il a été en votre pouvoir, sa forme de gouvernement monarchique que voulaient lui enlever ces hommes que le seul mot de royauté offusque, qui se sont vantés et qui se vantent encore journellement d'avoir été les artisans les plus actifs des trois fameuses journées.

Depuis lors, la France gémit dans un épouvantable état de misère, état qui doit durer autant que seront méconnues les lois éternelles de toute justice, qu'on a violées avec inhumanité à l'égard d'une royale famille dont la touchante bonté méritait l'amour et la reconnaissance du peuple français. Cette illustre famille sera-t-elle donc condamnée à mourir dans l'exil et la proscription? Prince, vous avez connu les tourmens du proscrit, puisque vous avez été proscrit vous-même; vous savez combien on respire difficilement un autre air que celui de la patrie !

Non ignara mali, miseris succurrere disco.

Ce vers de Virgile doit être gravé profondément dans votre cœur. Vous pouvez faire cesser de hautes et terribles infortunes, ainsi que les maux cruels que souffre la France : l'humanité le réclame, la justice le commande. Pourquoi ne tendriez-vous pas les bras à cet enfant-roi, dont le père, frappé du poignard d'un républicain, expira sous vos yeux ! Prince, souvenez-vous de ces paroles du Sauveur du monde : *Rendez à César ce qui appartient à César.* Personne mieux que vous n'est à même de juger combien la tranquillité et la prospérité du pays sont indispensablement attachées à cet acte de loyauté.

« Tous les *bons Français* savent que *sans la » doctrine sacrée de la légitimité* il ne peut y » avoir ni *repos*, ni *bonheur*, ni *honneur* pour la » France. L'EXISTENCE MÊME DE NOTRE PATRIE » EST INTIMEMENT LIÉE A LA CONSERVATION DE CE » PRINCIPE. » C'est un de vos ministres actuels (1) qui a proclamé cette maxime de toute vérité. Sire, je la répète ici dans votre propre intérêt, dans celui de votre vertueuse épouse, dans ce-

(1) M. le comte d'Argout.

lui de votre intéressante famille; pour votre repos, votre bonheur, votre honneur, comme pour le repos, le bonheur et l'honneur de la France.

Chambord a été acheté par la nation entière pour l'*Enfant de la Providence*. Eh bien! faites que sa royale famille puisse y venir vivre et mourir en paix; tandis que sous votre tutelle et celle de sa noble et courageuse mère cet illustre enfant apprendra l'art de gouverner et de rendre les peuples heureux.

Prince, je me plais à croire votre âme capable d'entendre et d'apprécier les vœux que font pour le retour à la légitimité tout ce qu'il y a de familles les plus respectables sur le sol de la France.

Le drapeau de 1789 rendu aux républicains est bien une petite satisfaction pour eux; mais la royauté, quelque populaire qu'elle puisse être, ne leur convient pas; ces hommes, à qui toute hérédité fait mal au cœur, ne veulent qu'un fonctionnaire à gages, qu'on renouvelle et qu'on change même à sa guise lorsqu'on n'en est pas content.

Quant aux napoléonistes, le drapeau tricolore n'est pas d'un grand prix à leurs yeux: ce sont les aigles impériales qu'ils affectionnent et dont ils conservent le glorieux souvenir. Qu'est-ce que le coq, oiseau domestique de basse-cour, comparativement à l'aigle, ce libre et majestueux roi des airs ?

Ni les républicains ni les napoléonistes ne sont donc satisfaits de l'ordre de choses actuel; ils ne déguisent point la haine qu'il leur inspire et le désir qu'ils ont de le renverser à la première occasion favorable, comme ils ont renversé le gouvernement de Charles X.

Non ! Louis-Philippe ! tu ne seras jamais aimé des hommes de ces deux partis; mais tu peux être chéri, vénéré des royalistes purs, qui voient en ton auguste personne le prince dont Dieu, ce roi des rois, s'est servi cette fois pour nous sauver de nos propres excès.

Dans d'autres temps, ce conseil, d'une âme toute française, de remettre l'autorité en mains légitimes, fut donné à Napoléon par le capitaine Montbrun : « Vole au-devant du légitime héri-» tier du trône..., un bonheur pur et sans mé-» lange devient ton partage, » lui écrivait-il après la bataille de Marengo. En suivant ce conseil salutaire, Napoléon n'eût pas moins marché vers l'immortalité; pour son malheur il préféra la voie de l'usurpation. Du moins ne sut-il pas mauvais gré au capitaine de sa noble démarche. En effet, pouvait-il ne pas voir un *bon Français* dans un brave qui aspirait au *repos*, au *bonheur*, à l'*honneur* du pays, par cet élan sublime vers la légitimité?

Sire, en raisonnant par analogie, je pense que le mortel qui serait assez heureux pour pénétrer fortement votre âme de l'idée grande et généreuse de songer, en temps utile, à déposer *la couronne entortillée de pavés* (selon l'expression de M. de Châteaubriand) qu'une poignée d'individus vous ont jetée à la tête dans des jours désastreux, je pense, dis-je, que ce mortel aurait bien mérité de la patrie.

Et vous, mon Prince, que de palmes civiques vous formeraient pour jamais une auréole de gloire!!!

Je soumets ces réflexions à votre haute sagesse, intimement persuadé que les Français ont droit de compter sur votre magnanimité.

Je suis avec un profond respect,

Sire,

De Votre Majesté

Un serviteur sincère et des plus dévoués

A. ANTOINE (de Saint-Gervais.)

www.ingramcontent.com/pod-product-compliance
Ingram Content Group UK Ltd.
Pitfield, Milton Keynes, MK11 3LW, UK
UKHW021133230726
13926UKWH00002B/768

9 782014 043426